BEI GRIN MACHT SICH IHR WISSEN BEZAHLT

AF130469

- Wir veröffentlichen Ihre Hausarbeit,
  Bachelor- und Masterarbeit

- Ihr eigenes eBook und Buch -
  weltweit in allen wichtigen Shops

- Verdienen Sie an jedem Verkauf

Jetzt bei www.GRIN.com hochladen und kostenlos publizieren

Kreativitäts- und Präsentationstechniken zum Selbst- und Zeitmanagement. Dreikomponenten-Modell von Amabile und der Wirkungszusammenhang von Zeitmanagementtraining

Oumaima Sadqui

Bibliografische Information der Deutschen Nationalbibliothek:

Die Deutsche Nationalbibliothek verzeichnet diese Publikation in der Deutschen Nationalbibliografie; detaillierte bibliografische Daten sind im Internet über http://dnb.d-nb.de abrufbar.

ISBN: 9783346800206
Dieses Buch ist auch als E-Book erhältlich.

© GRIN Publishing GmbH
Nymphenburger Straße 86
80636 München

Druck und Bindung: Books on Demand GmbH, Norderstedt Germany
Gedruckt auf säurefreiem Papier aus verantwortungsvollen Quellen

Das vorliegende Werk wurde sorgfältig erarbeitet. Dennoch übernehmen Autoren und Verlag für die Richtigkeit von Angaben, Hinweisen, Links und Ratschlägen sowie eventuelle Druckfehler keine Haftung.

Das Buch bei GRIN: https://www.grin.com/document/1319236

Einsendeaufgabe

Modul: Selbstmanagement

Studiengang: Online Marketing (B.A)

Inhaltsverzeichnis

Genderhinweis

In dieser Arbeit wird aus Gründen der besseren Lesbarkeit das generische Maskulinum verwendet. Weibliche und anderweitige Geschlechteridentitäten werden dabei mit einbezogen, soweit es für die Aussage erforderlich ist.

4

Abkürzungsverzeichnis

Abbildungsverzeichnis

1 Aufgabe C1

Der Begriff „Kreativität" leitet sich vom lateinischen Wort „creare" ab, was zu Deutsch „schaffen", „gebären" oder „erzeugen" bedeutet.[1] Im allgemeinen Sprachgebrauch wird unter dem Begriff die Fähigkeit verstanden, originelle und nützliche Ideen zu entwickeln.[2] Dabei lässt diese Definition nicht erahnen, wie komplex das Konstrukt „Kreativität" tatsächlich aufgestellt ist. Wo genau die Grenzen von Kreativität verlaufen bzw. an welchem Punkt Ideen als nützlich und originell angesehen werden können und als kreativ gelten, ist nicht eindeutig zu beantworten.[3] Basierend auf dieser Tatsache existieren zahlreiche Definitionen des Begriffs.

Bei der Betrachtung von wissenschaftlich anerkannten und publizierten Definitionen fällt auf, dass ebenfalls im wissenschaftlichen Kontext kein Konsens über eine einheitliche Begriffsfestlegung herrscht.[4] Im Rahmen dieses Kapitels soll die Kreativitätsdefinition von *Teresa M. Amabile*, Professorin an der Harvard Business School, näher beleuchtet werden. Obwohl die Sozialpsychologin den Begriff mittels zwei komplementärer Ansätze definiert, wird in diesem Kapitel nur die sogenannte konzeptionelle Definition betrachtet. In diesem Zusammenhang stellt das Dreikomponenten-Modell von *Amabile* einen wichtigen Bestandteil dar, das ein Zusammenspiel aus drei Komponenten (1) Expertise, (2) Fähigkeit zum kreativen Denken und (3) intrinsische Motivation formt (siehe Abbildung 1).[5] Alle drei Komponenten stellen trainierbare und veränderbare Fähigkeiten dar.[6] Das Erklärungsmodell übersteigt die Frage nach den Persönlichkeitsmerkmalen von kreativen und nicht kreativen Menschen. Neben der Situation, in der die kreative Leistung erbracht wird, werden auch Umweltfaktoren mit einbezogen.[7] Die folgende Abbildung zeigt das Dreikomponenten-Modell im Überblick.

---

[1] Vgl.*Kreativitätstechniken.info* (2011).
[2] Vgl.*Runco/Jaeger* (2012), S. 92–96.
[3] Vgl.*Nett* (2019), S. 4.
[4] *Kreativitätstechniken.info* (2011).
[5] Vgl.*Amabile* (1998), S. 86.
[6] Vgl.*Bosse* (2004), S. 18.
[7] Vgl.*Arenberg* (2015), S. 14.

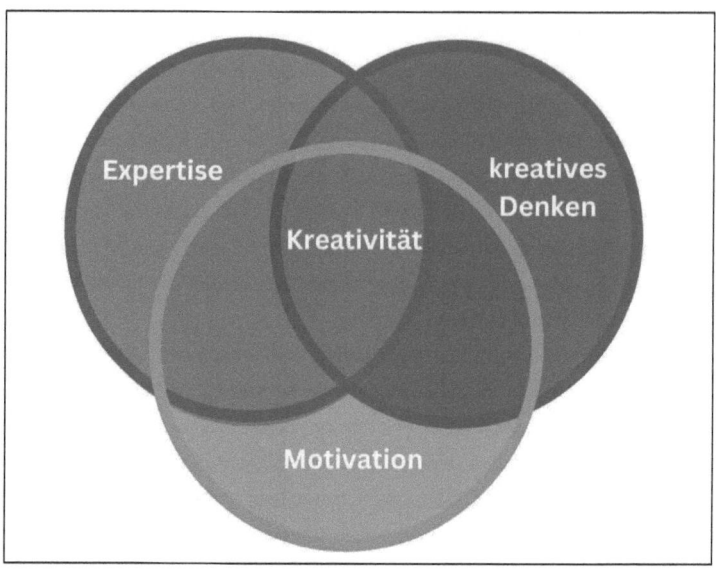

Abbildung 1: Das Dreikomponenten-Modell von Amabile
    (Quelle: Eigene Darstellung in Anlehnung an Amabile (1998), S. 86)

Expertise

Die Expertise bildet als erste Komponente das Fundament für jede kreative Arbeit.[8] Darunter sind das Sachwissen, die fachlichen Fähigkeiten und die besondere Begabung einer Person, in einem bestimmten Zielgebiet zu verstehen.[9] Das setzt voraus, dass bestimmte Fähigkeiten erforderlich sind, bevor eine Person kreativ tätig sein kann.[10] Beispielsweise zählen zur Expertise eines Hightech Ingenieurs sein Fachwissen über Elektronik, die Vertrautheit mit früheren Projekten sowie der Wissensstand bezüglich aktueller Entwicklungen in der Hightech Technologie. Dazu kommt die Aneignung technischer Fähigkeiten im Rahmen der Planung, Durchführung und Interpretation einer Forschung.[11] Auch ein angeborenes Talent, sich komplexe technische Probleme vorzustellen, darüber nachzudenken und sich auf die wichtigsten Aspekte des Problems zu fokussieren, ordnet *Amabile* der ersten Komponente zu. Aus einem Artikel des Schriftstellers *John Irving* geht hervor, dass ein angeborenes Talent den Erwerb von Fähigkeiten erleichtern kann.[12]

---

[8] Vgl.*Amabile* (1997), S. 42.
[9] Vgl.*Glaser* et al. (2008), S. 13.
[10] *Kreativitätstechniken.info* (2011).
[11] Vgl.*Amabile* (1997), S. 42.
[12] Vgl.*Amabile* (2001), S. 56.

Kreative Denkfähigkeit

Der zweite Baustein im Modell befasst sich mit dem kreativen Denken und beschreibt einen kognitiven Stil, der die Bewältigung komplexer Aufgaben unterstützt, indem er es ermöglicht, neue Perspektiven auf Probleme einzunehmen.[13] Hierbei wird im Umgang mit komplexen Aufgaben auf die Generierung von neuen Ideen angespielt. Darüber hinaus umfassen kreative Denkfähigkeiten den Einsatz von Technologie oder Heuristiken zur Erforschung neuer kognitiver Pfade und Arbeitsstile, die nachhaltiges und dynamisches Arbeiten fördern. Die Fähigkeit zum kreativen Denken hängt ziemlich stark von den Persönlichkeitseigenschaften eines Menschen ab. Am Beispiel des Hightech Ingenieurs könnten sich seine kreativen Fähigkeiten dadurch auszeichnen, aus vorgefassten Meinungen oder Erwartungen bei einer Untersuchung von Testergebnissen auszubrechen und sich ein eigenes Urteil zu bilden.[14] Das kreative Denken ist sehr wichtig und kann nicht durch die erste Komponente kompensiert werden. So kann trotz außergewöhnlich weitreichender Expertise in einem bestimmten Fachgebiet keine kreative Arbeit produziert werden, wenn die dafür essenziellen kreativen Denkfähigkeiten fehlen.[15]

Intrinsische Motivation

Während die ersten beiden Komponenten beschreiben, wozu eine Person imstande ist, konzentriert sich die intrinsische Motivation darauf, ob eine Person über den Willen zur Handlung verfügt.[16] Hinter der Aufgabenmotivation verbirgt sich der Grund, weshalb sich eine Person mit einer Aufgabe beschäftigt. *Amabile* schreibt der dritten Komponente eine große Bedeutung zu. Begründet wird das mit der Annahme, dass ein hohes Expertenwissen sowie kreative Denkfähigkeiten ohne Unterstützung von intrinsischer Motivation nicht zu innovativen Ideen oder neuen Ansätzen führen.[17] Laut der Komponententheorie ist die intrinsische Motivation zur Kompensation eines Defizits von Expertise oder kreativem Denken fähig.[18] Demnach würde eine Person mit einem hohen Maß an Motivation einen großen Aufwand unternehmen zur Aneignung von essenziellen Fähigkeiten und Fertigkeiten, um eine Aufgabe zu bewältigen. Wenn eine Person gegenüber einer bestimmten Aufgabe keine Motivation aufbringen kann, wird sie diese trotz vorhandenem Fachwissen und kreativen Denkfähigkeiten nicht erledigen.[19] Die letzteren Ressourcen bleiben entweder ungenutzt oder werden anderweitig verwendet. Bezogen auf das obige

[13] Vgl.*Amabile* (1997), S. 42.
[14] Vgl.*Amabile* (1997), S. 42–43.
[15] Vgl.*Amabile* (1997), S. 42.
[16] Vgl.*Glaser* et al. (2008), S. 13.
[17] Vgl.*Arenberg* (2015), S. 14.
[18] Vgl.*Amabile* (1997), S. 44.
[19] Vgl.*Amabile* (1998), S. 79.

Beispiel bestimmt die Aufgabenmotivation, was ein Ingenieur tun kann und was er tatsächlich tun wird. Ersteres wird durch sein Fachwissen und seine kreativen Denkfähigkeiten bestimmt. Schlussendlich ist es seine Aufgabenmotivation, die darüber entscheidet, inwieweit er sein Fachwissen und seine kreativen Denkfähigkeiten in die Arbeit bzw. Aufgabe investiert.[20]

Bei näherer Betrachtung der dritten Komponente wird deutlich, dass *Amabile* eine Aufspaltung in intrinsische und extrinsische Aufgabenmotivation vornimmt. Ausgehend von der intrinsischen Aufgabenmotivation nähert sich eine Person einer Aufgabe an, weil sie diese als interessant oder herausfordernd empfindet.[21] Die Leidenschaft und das Interesse an der Arbeit stehen im Vordergrund. Eine Wissenschaftlerin wäre beispielsweise intrinsisch motiviert, wenn sie ihre Arbeit an einem Blutgerinnungsmedikament basierend auf einem großen Interesse für Hämophilie, dem Gefühl der Herausforderung oder dem Anreiz, ein Problem zu lösen, ausübt.[22] Dem „Intrinsic Motivation Principle of Creativity"[23] zufolge, wird das Maximum der Kreativität ausgeschöpft, wenn sich eine Person primär aufgrund von Interesse, Zufriedenheit oder der Herausforderung an der Arbeit selbst motiviert fühlt und nicht durch andere Faktoren wie äußeren Druck.[24]

Dahingegen erfolgt die Aufgabenbearbeitung bei der extrinsischen Aufgabenmotivation nicht aufgrund von Vergnügen an der Aufgabe. Der Fokus dieser Motivationsausrichtung liegt nicht auf der Aufgabe selbst, sondern auf bestimmten Zielen, die über die eigentliche Aufgabe hinausgehen. Beispiele für solche Ziele können das Gewinnen einer Geldprämie, das Zufriedenstellen von Erwartungen an einen selbst oder von anderen Personen sein.[25] Einem Beispiel von *Amabile* zufolge ist daher der Erfolg eines Blutgerinnungsprojekts nahezu garantiert, wenn der Vorgesetzte einer Wissenschaftlerin verspricht, ihr eine finanzielle Belohnung auszuzahlen. Auch die Drohung zur Entlassung im Falle des Scheiterns stellt, laut Aussage der Harvard-Professorin, einen motivierenden Anreiz dar, gute Resultate zu liefern.[26] Jedoch handelt es sich in diesem Fall um eine Art erzwungene Motivation, die die Wissenschaftlerin aus dem Beispiel dazu drängt, eine Arbeit zu leisten, um etwas Erstrebenswertes zu bekommen oder etwas Schmerzhaftes zu vermeiden.

Der extrinsische Motivator Geld wird sehr häufig von Managern verwendet. Zwar hält er Menschen nicht davon ab, ihre Kreativität auszuleben, er wirkt jedoch auch nicht förder-

---

[20] Vgl.*Amabile* (1997), S. 44.
[21] Vgl.*Amabile* (1997), S. 44.
[22] Vgl.*Amabile* (1998), S. 79.
[23] Vgl.*Amabile* (1998), S. 79.
[24] Vgl.*Amabile* (1998), S. 79.
[25] Vgl.*Amabile* (1997), S. 44.
[26] Vgl.*Amabile* (1998), S. 79.

lich, besonders dann, wenn Gefühle von Bestechung und Kontrolle aufkommen. Der Zusammenhang zwischen Kreativität und dem extrinsischen Motivator Geld geht unter anderem aus einem Experiment mit Collegestudenten hervor.[27] Die Teilnehmer wurden mit der simplen Aufgabe beauftragt, eine Papiercollage zu entwerfen. Bereitgestellte Materialien duften als Hilfsmittel verwendet werden. Einer Hälfte von Studenten wies man nach dem Zufallsprinzip einer Bedingung zu. Die Bedingung war an eine finanzielle Entlohnung geknüpft, die für die Erstellung der Collage angeboten wurde. Der anderen Hälfte der Studierenden bot man diese Option nicht. Innerhalb dieser zwei Gruppen wurde die Hälfte der Teilnehmenden vor eine Wahl gestellt. Sie konnten sich entscheiden, ob sie die Collage, im Tausch gegen eine Belohnung in Form einer Geldprämie anfertigen, oder darauf verzichten und nur die Collage entwerfen wollen. Probanden, denen keine Bedingung auferlegt wurde, erhielten entweder die Belohnung als einen Bonus für ihre kreative Leistung oder bekamen nur die Anweisung, eine Collage zu erstellen. Nach Auswertung der Ergebnisse stellte sich heraus, dass die Collagen der Studenten, denen man eine Belohnung in Form von Geld anbot, auffallend weniger kreativ waren als im Vergleich zu den anderen Gruppen. Es geht hervor, dass Teilnehmer, die ihre Collagen nur aus dem Grund entwarfen, um eine Belohnung zu erhalten, am schlechtesten abschnitten. Amabile spricht in Bezug auf diese Gruppe von einer Untergrabung der Kreativität.[28] Wesentlich kreativere Ergebnisse lieferten Studenten, die die Belohnung als Bonus erhielten. Bei ihnen ließ sich keine Beeinträchtigung der Kreativität feststellen. Zieht man das „Intrinsic Motivation Principle of Creativity" heran, so korreliert die Kreativität der Collegestudenten mit ihrem Interesse an der Aufgabe. Das bedeutet, je interessierter sie waren, desto kreativer wurden ihre Collagen von den Kunstexperten beurteilt. Daraus lässt sich schließen, dass nicht die Belohnung, sondern die Wahrnehmung darüber den entscheidenden Unterschied ausmachte.[29]

Dass extrinsische Motivation kreativen Prozessen schaden kann, erschließt sich auch aus einer anderen Studie, bei der junge kreative Autoren gebeten wurden, vor dem Verfassen eines Gedichts einen Fragebogen auszufüllen. Der Fragebogen war so gestaltet, dass er sich entweder auf die intrinsischen oder extrinsischen Gründe des Autorendaseins fokussierte.[30] Teilnehmer in einer Kontrollgruppe hingegen füllten einen Fragebogen aus, der in keinem Zusammenhang mit der Motivation stand. Im Anschluss wurden die geschriebenen Gedichte von einer Expertengruppe für kreatives Schreiben bewertet. Die Auswertung der Studie ergab, dass Gedichte, die von Teilnehmern in den intrinsi-

---

[27] Vgl.*Amabile* (1997), S. 41.
[28] Vgl.*Amabile* (1997), S. 41.
[29] Vgl.*Amabile* (1997), S. 41.
[30] Vgl.*Amabile* (1997), S. 41.

schen und Kontrollbedingungen geschrieben wurden, im Durchschnitt als kreativ angesehen wurden. Teilnehmer, die sich jedoch für wenige Minuten auf die extrinsischen Motive ihrer Arbeit konzentrierten, schrieben Gedichte, die deutlich weniger kreativ waren.[31]

---

[31] Vgl.*Amabile* (1997), S. 41.

2 Aufgabe C2

Präsentationen finden heutzutage in den unterschiedlichsten Bereichen Anwendung und sind ein beliebtes Mittel zum Zweck, wenn es um die Aufklärung oder Verbreitung von Inhalten oder Informationen geht.[32] Einer Definition von Hartmann, Funk und Nietmann zufolge, wird die Präsentation durch „bildhafte Mittel" unterstützt.[33] Bilder, Grafiken und Folien werden in diesem Zusammenhang sehr häufig zur Visualisierung verwendet.[34] „Das am häufigsten eingesetzte Medium bei wissenschaftlichen Veranstaltungen ist die Folie".[35] Durch ihren Einsatz können Wissensinhalte übersichtlich dargestellt und zentrale Kernaussagen hervorgehoben werden. Mithilfe von Tools wie PowerPoint oder Prezi gelingt die Visualisierung von Text und Bild auf den virtuellen Folien. Werden Grafiken wie Diagramme oder Tabellen zur Veranschaulichung von Inhalten optimal eingesetzt, kann davon ein maximaler Lernerfolg für die Zuhörer ausgehen.[36]

Der gewünschte Effekt geht aber oftmals verloren. Häufig erschweren die eingesetzten Folien die Aufnahme der Inhalte und führen zu Verwirrung oder Ermüdung des Publikums.[37] Dementsprechend sollten bei der Gestaltung von einer PowerPoint-Folie gewisse Regeln eingehalten werden, um den Erfolg der Präsentation zu gewährleisten. Die folgende Abbildung zeigt eine PowerPoint-Folie zu einer fiktiven Präsentation zum Thema „Prezi als Alternative zu PowerPoint".

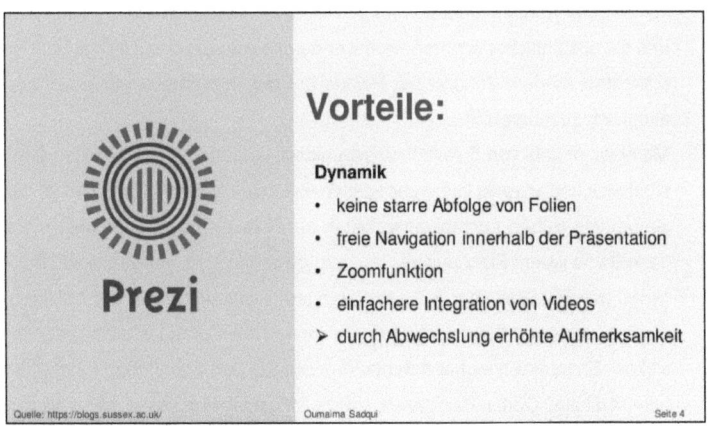

Abbildung 2: Fiktive PowerPoint-Folie – „Prezi als Alternative zu PowerPoint"
(Quelle: Eigene Darstellung (2022))

---

[32] Vgl.*Arenberg* (2015), S. 34.
[33] Vgl.*Hartmann/Funk/Nietmann,* (2012), S. 12.
[34] Vgl.*Arenberg* (2015), S. 34.
[35] Vgl.*Hey* (2018), S. 75.
[36] Vgl.*Hüttmann* (2018), S. 23f.
[37] Vgl.*Hey* (2018), S. 75.

Allem voran steht die „Einfachheit". Dabei werden der Text sowie Bilder in einem ausgewogenen Verhältnis auf den Slides platziert. Damit soll vermieden werden, dass die einzelnen Folien überladen wirken, und die Teilnehmer überfordern.[38] Andererseits erleichtert es die Nachvollziehbarkeit, wenn wichtige Kernpunkte in überschaubarer Weise präsentiert werden. Eine mit Text überfüllte Folie kann nicht nur irritieren, sondern lenkt auch von der eigentlichen Präsentation ab. Dabei dient die PowerPoint lediglich dazu, den Präsentator zu unterstützen. Das Ziel ist es, die Folien so zu gestalten, dass sie das Verständnis der Kernaussagen für die Teilnehmer fördern.[39]

Zusätzlich besteht die Gefahr, dass die Folien die gesprochenen Worte des Redners, nahezu identisch wiedergeben. Das erweckt den Eindruck von Vorlesen und kann zum Abfall der Spannung führen.[40] Im Weiteren kann durch den bewussten Verzicht auf Fachtermini, die Verständlichkeit der Inhalte gefördert werden. Denn neben Experten sollten auch Laien den Inhalten folgen können.[41] Daher bietet es sich im Vorfeld an, die Präsentation einer themenfremden Person zu zeigen und letzte Korrekturen vorzunehmen.

Mit Blick auf die Abbildung 2 wurde eine Hälfte der Folie mit Stichpunkten beschriftet, die auf der rechten Seite abgebildet sind. Hierbei wurden sogenannte „Action Titles" verwendet.[42] Das sind prägnante und grammatikalisch unvollständige Sätze, die Inhalte in Form von Kernaussagen festhalten. Teilnehmer können sich die kurzen Punkte mit einer hohen Wahrscheinlichkeit besser merken, als wenn vollständige Sätze auf den Folien stehen. Der Präsentierende kann somit auf die einzelnen Action Titles näher eingehen und sie ausführlicher erklären, womit er den Fokus wieder auf sich lenkt. Diese Strategie erleichtert es dem Zuhörer die Punkte auf der Präsentationsfolie war zunehmen und zeitgleich zuzuhören.[43]

Mit einer Anzahl von 5 Aufzählungspunkten, vermittelt die Folie einen überschaubaren Überblick und erweckt keinen überladenen Eindruck. Empfehlenswert ist daher, das Maximum von sieben Aufzählungspunkten pro Folie nicht zu überschreiten.[44] Um die Lesbarkeit von jedem Platz aus im Raum zu gewährleisten, wurde die serifenlose Schriftart "Arial" gewählt. Bei einer Folie mit geringem Textanteil wie in der Abbildung 2, würden die Schnörkel von Serifenschriften wie Times New Roman irritierend auf den Betrachter wirken. Stattdessen eignet sich die Verwendung von Schriftarten mit Serifen in Büchern oder Artikeln. Dort unterstützen sie die Augen beim Lesen der eng geschriebenen

---

[38] Vgl.*Hey* (2018), S. 85.
[39] Vgl.*Hey* (2018), S. 76.
[40] Vgl.*Hey* (2018), S. 81.
[41] Vgl.*Förstemann/ Löffler* (2020), S. 13.
[42] Vgl.*Hüttmann* (2018), S. 22f.
[43] Vgl.*Hey* (2019), S. 82.
[44] Vgl.*Hey* (2019), S. 97.

Texte.[45] Die Schriftgröße der Stichwörter beträgt 18 Punkt, während die Überschrift, mit einer Größe von 36 Punkt, deutlich stärker visualisiert ist. Damit kann sichergestellt werden, dass für Personen, die im hinteren Teil des Auditoriums sitzen, die Präsentationsfolien gut lesbar sind. Der beträchtliche Unterschied in der Größe signalisiert außerdem eine Trennung zwischen Haupt- und Unterpunkten. Bezugnehmend auf die Abbildung 2 wird deutlich, dass es in dem jeweiligen Abschnitt um die Vorteile von Prezi geht. Zusätzlich wurde ein Untertitel der Schriftgröße 18 Punkt eingefügt und fett hervorgehoben. Dadurch wird dem Teilnehmer vor Augen geführt, dass der Text im Zentrum der Folie, Vorteile beinhaltet, die sich speziell auf die Dynamik von Präsentationen mit Prezi beziehen. Um diesen Effekt zu fördern, wurden die Unterpunkte nach rechts eingerückt und mit Aufzählungszeichen versehen (siehe Abbildung 2). Das letzte Aufzählungssymbol, unterscheidet sich von den obigen und stellt einen Folgepfeil dar, der die resultierende Konsequenz der Vorteile einer Prezi Präsentation visualisiert.

Ergänzend könnte darüber nachgedacht werden, den sogenannten Morph Effekt in die Präsentation zu integrieren. Das ist ein Folienübergang, mit dem sich Elemente in fließenden Bewegungen ein- und ausblenden lassen.[46] Dadurch entstehen optisch eindrucksvolle Animationen. Das fördert die visuelle Abwechslung und trägt zur Erhöhung der Aufmerksamkeit bei. Letzteres hat zur Ursache, dass „bewegte Elemente eine Faszination ausüben".[47] Darüber hinaus entlastet die parallele Darstellung von Animationen und der entsprechenden inhaltlichen Erläuterung, die kognitive Beanspruchung der Zuhörer.[48] Die Action Titles können mithilfe des Morph Effekts nacheinander eingeblendet werden. Das bietet dem Publikum den Vorteil, sich besser auf die einzelnen Inhaltspunkte zu konzentrieren, als wenn der gesamte Text zeitgleich präsentiert wird.

Ein Zeilenabstand von 1.5, lässt den Betrachter jeden einzelnen Punkt erfassen. Aufgrund des geringen Abstands zueinander werden die Kernaussagen als zusammengehörige Gruppe wahrgenommen.[49] Umgekehrt, nimmt ein Teilnehmer „visualisierte Objekte und Textzeile, die einen größeren Abstand zueinander haben als nicht zusammengehörig wahr".[50] Der Weißraum zwischen den Elementen erscheint als Grenze, die die jeweiligen Einheiten abspaltet.[51]

Abseits der textlichen Gestaltung wird die Folie ebenfalls durch ein bildhaftes Element untermalt. Bilder gestalten die Präsentation dynamischer und lebendiger.[52] Neben der

---

[45] Vgl.*Hey* (2019), S. 79.
[46] *Cleverslide* (2020).
[47] Vgl.*Renz* (2022), S. 193.
[48] Vgl.*Mayer/Moreno* (2003), S. 50.
[49] Vgl.*Hey* (2019), S. 85.
[50] Vgl.*Hey* (2019), S. 85.
[51] Vgl.*Hey* (2019), S. 85.
[52] Vgl.*Hey* (2019), S. 113.

Überzeugungskraft, die von Bildern ausgeht, unterstützen sie ebenso die Vorstellung komplexer Themen.[53] „Sie ermöglichen dem Publikum, sich im wahrsten Sinne des Wortes ein Bild von einem Sachverhalt zu machen".[54] Die von dem Bild ausgehenden Impulse wecken Assoziationen in Einem und prägen sich im Vergleich zu einem langen Text besser im Gedächtnis ein.[55] In diesem Kontext ist besonders wichtig, dass die visuelle Abbildung von einer textlichen oder mündlichen Erläuterung begleitet wird. Wird dieses Kriterium nicht beachtet, droht die Gefahr einer „Überbelastung der kognitiven Fähigkeiten des Zuhörers".[56] Um die Aussagekraft der Action Titles zu untermauern, wurde ein entsprechend passendes Bild gewählt. Von der Abbildung geht die Botschaft aus, dass sich die Inhalte der Folie auf Prezi konzentrieren. Die Illustration befindet sich auf der linken Seite in Abbildung 2 und zeigt das Logo der Brand Prezi. Die Anordnung des Schaubildes erleichtert den Lesefluss, da in der deutschen Sprache von links nach rechts gelesen wird.

Abgerundet wird die PowerPoint-Folie durch ein schlichtes Design. Das angewandte Farbkonzept wurde auf der Basis gestaltpsychologischer Aspekte gewählt. Die Farbe Blau wird mit einer ruhigen Wirkung assoziiert. Ebenso strahlt die Farbe Harmonie[57] und Vernunft[58] aus. Aufgrund seines vertrauensvollen Einflusses ist die Farbe vermehrt bei Banken sowie Versicherungen zu sehen. Angesichts der Tatsache, dass das Brandlogo von Prezi bereits blau gefärbt ist, wurde ein hellblauer Hintergrund ausgewählt, der in Kombination mit der Abbildung ausgeglichen wirkt. Ähnliche Farben und Farbwiederholungen erzeugen Stimmigkeit und ergeben ein vollständiges Gesamtbild. Durch die Hintergrundfarbe der rechten Folienhälfte wird zusätzliche Ruhe erzeugt. Grau kann Gefühle von Stabilität und Gelassenheit hervorrufen.[59]

Um die Lesbarkeit der Stichworte zu verstärken, wurde eine schwarze Schriftfarbe verwendet. Schwarz eignet sich wegen seiner Seriosität und Eleganz optimal als Schriftfarbe.[60] Durch die Schriftfarbe entsteht ein deutlicher Kontrast zum hellgrauen Hintergrund, der den Text hervorhebt. Denn je größer der Kontrast zwischen Schrift und Hintergrund gewählt wird, desto leichter können die Inhalte wahrgenommen werden.[61] Auch die blaue Überschrift sticht markant heraus und harmoniert aufgrund der ähnlichen Farbgebung mit dem Bild auf der linken Seite. Die farbliche Hervorhebung der Überschrift dient zur Orientierung. So kann ein Teilnehmer aus dem Publikum, bei Abschweifungen

---

[53] Vgl.*Hey* (2019), S. 114.
[54] *Hey* (2019), S. 114.
[55] Vgl.*Renz* (2022), S. 103.
[56] Vgl.*Mayer,Moreno* (2003), S. 50.
[57] Vgl.*Bartel* (2003), S. 93.
[58] Vgl.*Renz* (2022), S. 149.
[59] thpanorama.com (2019).
[60] Vgl.*Renz* (2022), S. 149.
[61] Vgl.*Hey* (2018), S. 78.

des Vortragenden, zum Hauptthema zurückfinden. Die Eingrenzung der Farben, die auf der Folie verwendet werden, ist essenziell, um eine Ordnung herzustellen. Werden zu viele Farben benutzt, löst sich der gewünschte Effekt auf, der von Hervorhebungen aus geht.[62]

Abschließend wurden im unteren Bereich der PowerPoint-Folie, Angaben zur Bildquelle, dem Autor und der Seitenzahl gemacht. Letzteres verschafft dem Publikum einen Überblick über die Präsentation und vermittelt Ordnung. Um die Formalien von wichtigen inhaltlichen Haupt – und Nebenpunkten abzugrenzen, wurden diese bewusst in kleiner Form abgebildet. Sie spielen in Bezug auf die Thematik keine Rolle und sollen daher, nicht zuerst vom Betrachter wahrgenommen werden.[63]

---

[62] Vgl.*Renz* (2022), S. 149.
[63] Vgl.*Hüttmann* (2018), S. 32.

3 Aufgabe C3

3.1 Ansätze im Selbstmanagement

Um Aufgaben oder Probleme zu bewältigen oder auf bestimmte Situationen im Alltag zu reagieren, bedarf es drei besonderer Faktoren. Denken, Fühlen und Handeln ergeben mittels gezielter Anwendung der Komponenten die Fähigkeit, effektiv in Situationen zu agieren. Diese Fähigkeit wird als Selbstmanagement bezeichnet und wird synonym auch unter den Begriffen Selbststeuerung, Selbstführung sowie Selbstregulierung verwendet.[64]

Selbstmanagement tritt allerdings nicht punktuell auf, sondern beschreibt vielmehr einen Prozess, bei dem der Versuch unternommen wird, ein Problem zu lösen. Der zeitliche Verlauf stellt keinen gradlinigen Weg dar, sondern verläuft kurvenartig. Durch das ständige Auf und ab entsteht eine dynamische Abfolge. Auf Grundlage der Tatsache, dass eine Vielzahl an unterschiedlich ausgerichteten Definitionen für den Begriff existiert, ergeben sich gleichermaßen verschiedene Ansätze im Selbstmanagement. Im Folgenden werden drei zentrale Ansätze erläutert.[65]

Kognitiv-behavioraler Selbstmanagement-Ansatz

Gleich zu Anfang muss darauf hingewiesen werden, dass die umgangssprachliche Verwendung des Wortes Verhalten vom Verhaltensverständnis nach dem behavioral-kognitiven Ansatz abweicht. Das Wort Verhalten, wie es in diesem wissenschaftlichen Zusammenhang verwendet wird, umfasst auch verborgenes Verhalten, das Wahrnehmungen und Emotionen mit einschließt, und nicht nur äußerlich sichtbares Verhalten. Durch das Einbeziehen von Wahrnehmungen z. B. Gedanken können diese auch modifiziert und als Verstärker genutzt werden.

Der kognitiv-behaviorale Selbstmanagement-Ansatz stellt den ältesten der drei Ansätze dar und findet im Bereich der Verhaltenstherapie Anwendung. Die Selbstmanagementtherapie, die auf den Begründer Frederick *Kanfer* zurückgeht, entwickelt den Ansatz von Verhaltensänderung im klinischen Bereich nach *Mahoney* weiter. *Kanfers* Therapie beruht auf einem verhaltenstherapeutischen Verfahren, der ressourcen- und lösungsorientiert ausgerichtet ist. Im Mittelpunkt der Therapie stehen Personen mit Suchterkrankungen wie beispielsweise Alkohol oder Rauchsucht. Bei Menschen, die von einer psychischen Krankheit betroffen sind, soll die Hoffnung erhalten bleiben, selbst zur Genesung beitragen zu können. Die Resultate einer Studie, die mit Alkoholikern durchgeführt wurde, ergab, dass der Glaube an die eigene Widerstandsfähigkeit ein wichtiger

---

[64] Vgl.*Adlmaier-Herbst/Mayer* (2022), S. 3.
[65] Vgl.*Arenberg* (2018), S. 39.

Faktor für die Genesung ist. Von großer Bedeutung ist dabei der Aufbau einer realisti-schen Zuversicht in relevanten Problemsituationen, unterstützt durch ein positives Selbstwertgefühl und eine positive Lebenseinstellung. Grundlage für ein erfolgreiches Selbstmanagement ist daher eine ausgewogene psychische, körperliche und soziale Ressourcensituation.[66]

Der kognitiv-behaviorale Selbstmanagement-Ansatz beruht auf der sozial-kognitiven Lerntheorie des Psychologen *Albert Bandura*. Im Kontext „dieses Ansatzes wird die Selbstkontrolle über das Verhalten erreicht"[67]. Das trägt mit einer hohen Wahrscheinlich-keit zur Erhöhung der Verhaltensänderung einer Person bei.[68] Es gibt drei Wege, die dabei unterstützen, das Verhalten aus eigener Kraft heraus zu verändern.[69] Diese drei Möglichkeiten setzen sich zusammen aus Selbstverstärkung, Selbstbestrafung und Sti-muluskontrolle.

1. Selbstverstärkung

Eine Person kann sich bewusst stärken, indem sie positive Handlungen bemerkt sowie verstärkt und sich dafür belohnt. So kann beispielsweise eine ungeliebte Tätigkeit wie aufräumen verstärkt werden, wenn man sich nach der Tätigkeit belohnt.[70] Ein weiteres Beispiel wäre das Einlegen einer angenehmen Pause bei der Arbeit.[71]

2. Selbstbestrafung

Die Selbstbestrafung ist eine Form der Kontingenzsteuerung, bei der die Person die Ver-teilung der Folgen ihres Handelns bestimmt.[72] Angenommen ein Student erreicht auf-grund seines schlechten Zeitplans und ständiger Prokrastination, nicht sein Ziel, die 15-seitige Einsendeaufgabe bis zum Tag der offiziellen Abgabe zu beenden.

Um sein Verhalten zu ändern könnte er sich selbst bestrafen, indem er sich fest vornimmt sich erst wieder mit seinen Freunden zum Fußball spielen zu treffen, wenn er die Erstel-lung der Einsendeaufgabe erfolgreich beendet hat.

3. Stimuluskontrolle

Die dritte Möglichkeit zur Verhaltensänderung ist die sogenannte Stimuluskontrolle. Es handelt sich um eine Reizkontrolle bei der eine Person den Versuch unternimmt, einen Reiz, der mit einem unerwünschten Verhalten verbunden ist, auszuschalten.

---

[66] Vgl.*Pscherer* (2015), S. 7.
[67] *Arenberg* (2018), S.39
[68] Vgl.*Graf* (2012), S. 46.
[69] Vgl.*Graf* (2012), S. 74.
[70] Vgl.*Arenberg* (2018), S. 39.
[71] Vgl.*Pscherer* (2015), S. 7.
[72] *Reinecker* (2022).

Der Vorgang einer Selbstmanagement-Therapie nach dem kognitiv-behavioralen Ansatz beginnt mit der Problemidentifikation oder -erkennung, woran sich die Festlegung des Ziels anschließt. Fort folgend treten die Selbstverstärkung und Stimuluskontrolle ein. Abschließend erfolgt die Anwendung von Transfertechniken.[73]

Im Hinblick auf die Änderungsmotivation, die an eine Veränderung des Verhaltens gekoppelt ist, beschreibt *Kanfer* drei Segmente. Im ersten Fall liegt ein negativer Ausgangs- oder Problemzustand vor, der als Unausgeglichenheit, Stress oder Unzufriedenheit empfunden wird.[74] Das erzeugt eine Art Druck, der die Bereitschaft antreibt, die notwendigen Veränderungen anzustreben, um dem Leidensdruck zu entfliehen.[75] Die zweite Komponente zeichnet sich dadurch aus, dass ein positives Ziel bzw. ein Endzustand erreicht wird, auf den entweder eine Befriedung des Bedürfnisses oder die Herstellung eines Gleichgewichts folgt. Die hierbei in Erfahrung gebrachten positiven Erkenntnisse können mit einem Zug verbunden werden.[76] Zu guter Letzt existieren, mögliche Mittel und Wege, mit denen Anfangs- und Problemzustände bis hin zu Ziel- oder Endzuständen verändert werden können.[77]

Das Kompensationsmodell der Motivation und Volition

Der zweite Selbstmanagement-Ansatz lässt sich auf ein Schnittstellenmodell von Motivation und Volition von Kehr zurückführen. Das Wort „Volition" bedeutet in diesem Zusammenhang Wille. Für Kehr bildet Motivation eine Einheit aus den Motiven und situativen Anreizen einer Person. Das Verhalten, das aus dem Zustand stimulierter Motive resultiert, nimmt Einfluss auf die Person und Situation.

Im Modell von Kehr findet sich eine Aufspaltung in implizierte und explizite Motive, die auf den Psychologen McClelland zurückgehen. [78]

1) Implizite Motive

Unter impliziten Motiven, werden unter anderem Bedürfnisse und affektive Präferenzen verstanden, die ein Zusammenspiel zwischen Situationen, Emotionen und Verhaltensimpulsen bilden. Im Kern betrachtet handelt es sich um Assoziationen, zu dem das Bewusstsein nur schweren Zugang erlangt und die bereits durch Erfahrungen im frühkindlichen Alter geprägt werden.[79]

---

[73] Vgl.*Arenberg* (2018), S. 40.
[74] Vgl.*Kanfer* et al. (2012), S. 59.
[75] Vgl.*Metzig* (2017), S. 37.
[76] Vgl.*Metzig* (2017), S. 37.
[77] Vgl.*Arenberg* (2018), S. 41.
[78] Vgl.*Graf* (2019), S. 43.
[79] Vgl.*Graf* (2019), S. 43.

2) Explizite Motive

Explizite Motive beschreiben hingegen bewusste Begründungen für das Verhalten einer Person. Neben der sozialen Umgebung üben auch Erwartungshaltungen anderer Menschen, Normen sowie Regeln einen Einfluss auf explizite Motive aus.[80] Gestärkt werden kann die sie durch den Einsatz volitionalen Strategien wie Aufmerksamkeitskontrollen oder positiven Fantasien. Diese sind imstande störende Impulse zu unterdrücken, oder explizite Motive zu stärken. Eine hemmende Wirkung wird dann erzeugt, wenn eine Überkontrolle stattfindet beispielsweise durch die Aufschiebung einer geplanten Aufgabe.[81]

Ressourcenorientierter Selbstmanagement-Ansatz

Der ressourcenorientierte Selbstmanagement-Ansatz ist auch unter dem Namen „Zürcher Ressourcen Modell" (ZRM) geläufig.[82] Ursprünglich wurde das ZRM für angehenden Lehrkräfte an der Universität Zürich entwickelt. Der Hintergrund war den Studierenden eine Sammlung von Selbstmanagementtechniken zur Verfügung zu stellen. Die Methoden beinhalteten Präventionsmaßnahmen zu Vorbeugung von Burn-out.[83]

Entwickelt wurde dieses Modell in den 1990er Jahren von den beiden Wissenschaftlern *Storch* und *Krause* (2016). Die Autoren lenken mit ihrem Selbstmanagement-Ansatz den Fokus auf die Ressourcen. Das ZRM stellt eine der führenden Anwendungstechniken im therapeutischen Bereich im Selbstmanagement dar. Es vereint Techniken und Elemente diverser psychotherapeutischer Ansätze sowie Erfahrungen aus den Neurowissenschaften. Die ZRM-Therapie entwickelt Handlungsoptionen und treibt die Motivation voran. Sie stellt erforderliche Humanressourcen für Handlungsoptionen dar.[84]

Neben seiner Unterstützung zur Motivationsergründung verhilft das Züricher Ressourcen Modell einer Person ebenfalls zur Klarheit über persönliche Ziele. Zusätzlich unterstützt es Fähigkeiten zu erlangen, die dabei helfen Ressourcen zu aktivieren, die für das zielorientiertes Handeln benötigt werden. Das macht die Entwicklung und Erweiterung von Selbstmanagementkompetenzen möglich.[85]

---

[80] Vgl.*Graf* (2019), S. 43.
[81] Vgl.*Pscherer* (2015), S. 8.
[82] Vgl.*Arenberg* (2018), S. 42.
[83] Vgl.*Graf* (2019), S. 46.
[84] Vgl.*Arenberg* (2018), S. 42.
[85] Vgl.*Graf* (2019), S. 46.

3.2 Wirkungszusammenhang von Zeitmanagementtrainings

Der Kernbestandteil von Zeitmanagementtraining zeichnet sich durch das Setzen von Zielen aus und findet oftmals zu Beginn einer Veränderung statt.[86] Um das eigene Ziel zu erreichen, müssen verschiedene Stationen durchlaufen werden.

Die erste ist die Standortbestimmung. Hierbei führt sich die betroffene Person ähnlich wie in einer Selbstfindungsphase ihre Werte sowie Bedürfnisse vor Augen und findet Antworten auf Fragen bezüglich ihres Standpunktes im Leben. Genauso kann mittels einer Standortbestimmung und einem Rückblick in vergangene Lebensphasen herausgefunden werden, wohin eine Person möchte bzw. der Wunschzustand herauskristallisiert werden. Im Rahmen einer Situationsanalyse werden unter anderem Fragen nach der Erwartungshaltung und den Prioritäten im eigenen Leben gestellt. Darüber hinaus werden vorhandenen Stärken, Schwächen und Ressourcen beleuchtet sowie Chancen und Risiken abgewogen.[87]

Wurde der Standort erfolgreich bestimmt, kann mit der konkreten Definition von Zielen und Visionen begonnen werden. Auch Teilziele können formuliert werden bzw. Signale, die die Zielerreichung sichtbar machen und erkennen lassen das man sich auf dem richtigen Weg zur Erfüllung dieser befindet.[88]

Visionen stellen als langfristige Grobziele eine Grundlage von Zielen dar. Die zeitliche Differenzierung von Zielen erfolgt in kurzfristige Ziele, mittelfristige Ziele und langfristige Ziele. Die Salutogenese ist ein Forschungsgebiet, dass sich damit auseinandersetzt, wie die Gesundheit von Menschen, trotz krankheitsauslösender Bedingungen gefördert werden kann.[89] Aufbauend auf ihren Erkenntnissen wurde herausgefunden, dass die Existenz einer Vision ein sinnerfülltes Leben ausmacht, was sich auch im täglichen Handeln widerspiegelt. Ist sich eine Person über die Sinnhaftigkeit ihrer Handlung bewusst, geht eine Erhöhung der Ausdauer und Anstrengung damit einher.[90]

Die Festlegung von Zielen muss als ein Prozess verstanden werden, indem es stets zu Verbesserungen und Abschweifungen kommt. Um Entscheidungen zu treffen, muss die Fixierung der gewünschten Ziele sowie die Verdeutlichung der Werte abgeschlossen sein. Nach Fertigstellung dieses Schrittes, können Prioritäten gesetzt werden.[91]

---

[86] Vgl.*Arenberg* (2018), S. 89.
[87] Vgl.*Arenberg* (2018), S. 89–90.
[88] Vgl.*Arenberg* (2018), S. 90.
[89] Vgl.*Graf* (2019), S. 261.
[90] Vgl.*Arenberg* (2018), S. 90.
[91] Vgl.*Arenberg* (2018), S. 91.

Literaturverzeichnis

Adlmaier-Herbst, D. G./Mayer, A., Selbstmanagement. In: S. 1–10.

Amabile, T. M. (1997), Motivating Creativity in Organizations: On Doing What You Love and Loving What You Do, California Management Review, 40. Jg., Nr. 1, S. 41–43.

Amabile, T. M. (1998), How to Kill Creativity, Harvard Business Review, 76. Jg., Nr. 5, S. 79–86.

Amabile, T.M (2001). Beyond Talent: John Irving and the passionate craft of Creativity. American Psychologist. 56, 4, 333-336.

Arenberg, P. (2015), Studienbrief SRH Fernhochschule. Kreativitäts- und Präsentations-techniken, Titel Nr. 0246-04, 4. Aufl., Riedlingen.

Arenberg, P. (2018), Studienbrief SRH Fernhochschule. Selbst- und Zeitmanagement, Titel-Nr. 1410-01, Riedlingen.

Bartel, S. (2003), Farben Im Webdesign. Symbolik, Farbpsychologie, Gestaltung, Berlin, Heidelberg.

Bosse, A. (2004), Kreative Teams durch Funktionsteilung. Ein Ansatz zur Beseitigung von Leistungsunterschieden zwischen Realgruppen und Nominalgruppen in Brainstormingaufgaben. [Diplomarbeit, Hochschule Aachen]. https://psy-dok.psycharchives.de/jspui/bitstream/20.500.11780/236/1/Krea-tive_Teams_durch_Funktionsteilung.pdf

Förstemann, T./Löffler, A. (2020), Leitfaden zur Erstellung von wissenschaftlichen Präsentationen, 3 Aufl., FU Berlin.

Glaser, J./Herbig, B./Gunkel, J. (2008), Kreativität und Gesundheit im Arbeitsprozess. Bedingungen für eine kreativitätsförderliche Arbeitsgestaltung im Wirtschaftsleben, Dortmund.

Graf, A. (2012). Selbstmanagement-Kompetenz in Unternehmen nachhaltig sichern. Leistung, Wohlbefinden und Balance als Herausforderung (Uniscope. Publikationen der SGO Stiftung). Wiesbaden: Springer Fachmedien Wiesbaden; Imprint; Springer Gabler.

Graf, A. (2019), Selbstmanagementkompetenz in Organisationen Stärken. Leistung, Wohlbefinden und Balance Als Herausforderung, 2. Aufl., Wiesbaden.

Hartmann, M./Funk, R./Nietmann, H. (Hrsg.) (2012), Präsentieren. Präsentationen: zielgerichtet und adressatenorientiert, 9. Aufl., Weinheim u.a.

Hey, B. (2019), Präsentieren in Wissenschaft und Forschung, 2. Aufl., Berlin.

Hüttmann, A. (2018), Erfolgreiche Präsentationen mit PowerPoint, Wiesbaden.

Metzig, W. (2017), Prüfungsangst und Lampenfieber. Bewertungssituationen vorbereiten und meistern, Berlin, Heidelberg.

Nett, N. (2019), Kreativität – was ist das überhaupt? In: Kreativität in der Schule - finden, fördern, leben, S. 3–22.

Pscherer, J. (2015), Selbstmanagement – Grundlagen und aktuelle Entwicklungen, Organisationsberatung, Supervision, Coaching, 22. Jg., Nr. 1, S. 5–17.

Reinecker, H. (2022), Selbstbestrafung im Dorsch Lexikon der Psychologie.

Renz, K.-C. (2022), Das 1 x 1 der Präsentation. Für Schule, Studium und Beruf, 3. Aufl., Wiesbaden.

Runco, M. A./Jaeger, G. J. (2012), The Standard Definition of Creativity, Creativity Research Journal, 24. Jg., Nr. 1, S. 92–96.

Internetquellen

Cleverslide (2020) Faszinierende Präsentationen durch Morphen,
https://www.cleverslide.de/animationseffekte-powerpoint/faszinierende-praesen-
tationen-durch-morphen/, abgerufen am 18.11.2022

Kreativitätstechniken.info (2011) Definitionen von Kreativität, https://xn--kreativittstech-
niken-jzb.info/was-ist-kreativitaet/definitionen-von-kreativitaet/, abgerufen am
10. 11. 2022

Thpanorama (2019) Farbe Grau Bedeutung und Psychologie (Negative und Positive
Aspekte), https://de.thpanorama.com/blog/psicologia/color-gris-significado-y-
psicologa-aspectos-negativos-y-positivos.html, abgerufen am 20. 11. 2022